Herstellung und Verlag:

BoD - Books on Demand,

Norderstedt

ISBN: 9783758317255

Engelskinder Gaza und Israel

Vorwort

Die undenkbaren Gräueltaten vom 7. Oktober
2023 in Israel sind unermesslich grausam. Mein
Herz geht aus zu all den betroffenen Mütter,
Väter, Töchter, Söhne Kinder und Verwandte und
Liebsten. Ihre Liebsten, Ihre Engel, sind nun in
den Sternen und werden für Immer in Herzen
bleiben. Der Schmerz wird immer da sein, wir
können nur hoffen, dass die Liebe obsiegt und,
dass der Verlust sich eines Tages wie ein Wunder,
in Dankbarkeit wandelt, diesen, genau diesen
geliebten Menschen, seinen Weg geteilt und ihn
begleitet zu haben.

Was die Barbarei vom 7.Oktober noch
unfassbarer macht, dass die Menschen die
gestorben oder als Geiseln genommen worden
sind für einen Frieden waren. Sie hatten

liebevolle Beziehungen zu Menschen in Gaza in der West Bank. Sie glaubten und glauben an eine Welt fern von Okkupation.

Leider hat die Ultra Rechte Regierung von Netanjahu nicht besonnen auf die unbeschreiblichen Massaker vom 7. Oktober reagiert. Anstatt in die Defensive zu gehen, hat sie den Angriff gewählt. Eine Defensive hätte bedeutet militärisch in Alarmbereitschaft zu gehen und in Verteidigungsposition. Dann wären Verhandlungen mit den Geiselnehmern möglich gewesen und sie wären vielleicht schon alle, hoffentlich wohlbehalten, wieder bei Ihren Liebsten. Die Attentäter vom 7. Oktober hätten über einen längeren Zeitraum, ähnlich wie Eichmann, gefangen genommen werden können und vor ein Gericht gestellt werden, in Israel oder vor dem International Gerichtshof, denn ihre Verbrechen sind Verbrechen gegen die Menschlichkeit. Es sind Kriegsverbrechen.

Netanjahus Regierung hat leider den Krieg gegen Gaza und seine Bevölkerung gewählt. Es ist ein immenser Krieg. Obwohl ein Krieg gegen die Hamas laut verkündet wird, findet er tatsächlich gegen die Bevölkerung statt. 2/3 der Bevölkerung haben Ihr zu Hause verloren. Sie

suchen Schutz in Schulen und Spitälern, sowie in
UN und UNRWA Gebäuden die entgegen
Internationales Recht zerbombt werden. Gaza
sieht aus wie das total zerbombte Aleppo. Zu den
1200 Israelischen Toten und über 200 Geiseln
gesellen sich 13'000 palästinensische Tote, davon
über 5'000 Kinder.

Diese undenkbaren Gräueltaten in Gaza sind
unermesslich grausam. Mein Herz geht aus zu all
den betroffenen Mütter, Väter, Töchter, Söhne
Kinder und Verwandte und Liebsten. Ihre
Liebsten, Ihre Engel, sind nun in den Sternen und
werden für Immer in Herzen bleiben. Der
Schmerz wird immer da sein, wir können nur
hoffen, dass die Liebe obsiegt und, dass der
Verlust sich eines Tages wie ein Wunder, in
Dankbarkeit wandelt, diesen, genau diesen
geliebten Menschen, seinen Weg geteilt und ihn
begleitet zu haben.

Kinder sind immer die Menschen die an einem
Krieg am meisten leiden. Die Hälfte von Gazas
Bevölkerung ist unter 16 Jahren. Gaza ist einer
der am dichtesten besiedelten Landstriche der
Welt. Israel at in den ersten Wochen über 6000
Tonnen Bomben auf Gaza abgeworfen. Ihr Krieg
geht weit über das Recht von Selbstverteidigung

hinaus. Unabhängige Institute, NGOs, Mitglieder der UN, wie der ehemalige UN Menschenrechtsbeauftragte Craig Mokhabir, nennen was in Gaza geschieht beim schrecklichen Namen: Genozid, eine zweite Nakba und Zwangsumsiedlung. Leider schaut die Weltgemeinschaft zu. Der liberale Zionist Joe Biden deckt den Ultra Rechten Netanjahu ohne ihn zu zwingen Menschlichkeit vor Vergeltung und totaler Vernichtung walten zu lassen, während die Arabischen Staaten es nicht wagen durch Wirtschaftssanktionen gegen Israel einen Waffenstillstand zu erzwingen. Stattdessen zeihen sie ihre Diplomaten ab aus Israel. Ein grosser Fehler, denn gerade in Kriegszeiten sind diplomatische Verbindungen essentiell für die Kommunikation.

In der Hölle des Todes welche sich 6 Wochen in Gaza auftut hungern die Menschen, sie verlieren ihr zu Hause, sie verlieren ihre Liebsten. Ganze Familienlinien werden von den bomben unter den Trümmern ausgelöscht. Väter vermissen ihre Frauen und Kinder, Mütter ihre Männer und Kinder, Kinder vermissen ihre Eltern und Geschwistern. Ein unendliches Leid hat sich in Gaza ausgebreitet. Mein Herz geht aus zu jedem

Kind, Vater, Mutter, Schwester, Bruder, Onkel und Tante. Die Herzen der Menschen in Gaza schmerzen nicht weniger als die Herzen der Menschen in Israel. Das dies gesagt werden muss schmerzt, denn der westliche Narrativ ist leider zu einem grossen Teil durchzogen mit einer Entmenschlichung palästinensischen Leids. Sie sind unter anderem 'nur' Schutzschilder der Hamas. Hamas ist zu einem 'Trope' geworden, der jede Barbarei gegen diese Zivilbevölkerung zu rechtfertigen scheint.

Aber Kinder, 2 bis 16-Jährige und Babys sind keine Hamas-Kämpfer. Genauso wenig wie die Kinder und Babys Israels keine Besatzer sind. Kinder sind die Engel der Menschheit. Sie sind hier um geliebt zu werden von uns Erwachsenen, wir sind ihr Schutz, wir sind ihre Geborgenheit. Wir Erwachsene haben die Verpflichtung Kinder zu schützen, ihnen ein Urvertrauen ins Leben zu vermitteln. Wir haben die Pflicht sie gesundheitlich zu pflegen, sie beim Gehen, Sprechen, Sehen und Hören zu begleiten während sie die Welt erkunden und heranwachsen. Von uns brauchen sie auch Bildung, Freiheit, Spielraum, Wirtschaftliche Sicherheit. Sie brauchen Schwerelosigkeit, Liebe und ganz viel Respekt. Wir müssen Kinder staunen lassen, neugierig sein, sorgenfrei und mehr noch, wir tragen sie auf Händen, wir schmeissen nicht mit Bomben, Gewehren oder Macheten nach Ihnen.

Auch wenn wir nicht alleine auf das Prinzip Hoffnung nicht alles aufbauen können, so dürfen wir die Hoffnung nicht ganz aufgeben. Es werden Zeiten nach diesen schrecklichen Verbrechen, nach diesem grausamen Krieg und Genozid kommen. Ich hoffe Palästinenser, Palästinenserinnen und ihre Kinder werden noch in Gaza sein und dass zusammen mit dem Westjordanland und Israel Frieden geschlossen werden kann. Der Weg dorthin wird nicht einfach sein. Die Okkupation Palästinas muss ein Ende nehmen. Ich befürchte, dass die von Präsident Biden wieder plötzlich propagierte Zwei-Staaten-Lösung zu einer Art der Fortführung der Okkupation führen wird, eine Art Bantu-Staat. Dies darf nicht sein. Weise Stimmen wie die von Omri Boehm oder Yanis Varoufakis und anderen sprechen von einer Ein-Staatenlösung. Israel als sekularen, modernen Staat, wo Palästinenser und Juden gemeinsam mit gleichen Rechten gemeinsam in Frieden leben. Und wie Nelson

Mandela so gut formuliert hat: Frieden ist nicht
so sehr die Abwesenheit von Auseinandersetzung
als die Anwesenheit von Recht, ich würde
hinzufügen, für alle.

20. November 2023

Die Gedichte sind nicht chronologisch geordnet, da der 7. Oktober 2023 sowie der Krieg gegen Gaza und dem Westjordanland in einem sehr komplexen Kontext stehen. Beim lesen dieser Gedichte kann es sein, dass man hier und da die Orientierung verliert und sich fragt, wer ist denn nun gemeint? Dies ist Absicht, denn wer mehr um eine Seite weint als um die Andere, der muss um sein Herz und Seine Seele bangen.

Die folgenden Gedichte sind all den Kindern
gewidmet die Ihr Leben gegeben haben für
einen Krieg der nicht der Ihre war oder ist.

Israel Gaza 2023

Engelskinder Gaza und Israel

Gedichte

Abertausende Engeschlaren haben diese Welt
verlassen

Nur weil manche hassen

5000 kleine Flügelpaare sind darunter

Sie hinterlassen Flüsse ihres Blutes

Tränen in den Augen der hier Gebliebenen

Die Liebe muss nun unendlich weit reichen

Ganze Familienzweige ausgelöscht

Ihre Schreie erreichen die Herzen nur derer die
hören und sehen

in den Strassen und Zimmern der Welt

Nicht aber der Führenden

die sind taub und blind

Ihre Lippen wackeln schwach wie Blätter im
Wind

Mit Bomben in den Hosentaschen

Sie hinterlassen Flüsse aus Blut

Das Blut der anderen

Abertausende von Engelscharen haben diese
Welt verlassen

Nur weil manche hassen

Ich wollte zur Schule

Und ihr wirft Bomben auf mich

Ich wollte spielen

Und Ihr wirft Bomben auf mich

Ich wollte zur Welt kommen

Und Ihr wirft Bomben auf mich

Es riecht nach weissem Phosphor

Würmer in den Wunden

Die Spitäler in Schutt und Asche

Gib mir Leben statt Bomben

Gib mir Liebe statt Weissem Phosphor

Gib mir meine Mutter anstatt Granatensplitter

Gib mir Essen anstatt Trockenheit

Gib mir Bücher statt Feuer

Gib mir meinen Bruder statt Kugelhagel

Gib mir Freiheit anstelle von Hass

Gib mir meinen Vater anstelle von Blut

Vielleicht schickt ihr Engeln Bomben, weil Ihr
sie nicht sehen oder hören könnt?

Dabei rauschen Ihre Flügel voller Raum so schön

Ihr braucht Einen Sternendoktor

Denn ihr könnt weder sehen noch hören

Weder fühlen noch lieben

Hamas, Hamas, Hamas

Haben aber Kinder gefunden

Also töteten sie Kinder

Warme Lichtgestalten, Körperchen

Wer einen Menschen rettet, der rettet die ganze
Welt

Babys tot

2-Jährige tot

9-Jährige tot

Kinder, Kinder, Kinder so viele getötete Kinder

Nein diese Rechnung geht nicht auf

Also nochmal

Israel, Israel, Israel

Sucht Hamas, Hamas, Hamas

Und findet stattdessen Kinder, Kinder, Kinder

Und tötet so viele Kinder, Kinder, Kinder

So viele tote Kinder

Babys tot

2 – Jährige tot

9-Jährige tot

Nicht Hamas, Hamas, Hamas

sondern

Kinderkörper, Kindergeist, Kinderleben,
Kinderweinen

Es ist alles warm

Wer einen Menschen rettet, der rettet die ganze
Welt

So viele Welten wie Kinder die nicht mehr hier
sind

Kinderträume, Kinderliebe, Kinderlachen,
Kinderspiele

Die Welt von Morgen, Kinder, Kinder, Kinder

Nein, diese Rechnung wird niemals aufgehen

Gaza, mon amour

Deine Lieben Sie müssen Dich verlassen

Sie fliehen mit Panzern und kalten Gewehrläufen
im Nacken

Mit viel Lärm, Blut und Wut wirst du gejagt

Richtung Süden

Richtung Norden

Dann wieder Richtung Süden

Gaza, mon amour

Deine Häuser haben ausgebrannte Augenhöhlen

Ausgebrannte Mäuler und Bäuche

Wer hat hier bloss gewütet?

Gaza, mon amour

Deine Liebenden müssen Dich verlassen

Auf Ihren Wegen die aufgebrochenen Strassen

Aufgebrochene Herzen

Von Bomben und Panzern

Gaza, mon amour

Wann werden Deine weinenden Liebenden
wieder zurückkehren?

Verlassene ausgebrannte Kibuzzim

Die Körper säumen die Strassen

Wo vorher Junge tanzten, liebten, lachten

Verlassene ausgebrannte Kibuzzim

Wo vorher Lachen

Wo vorher Wärme

Wo vorher Leben

Wo vorher Liebe

Wo vorher Friede

Wir tanzten für den Frieden

Und sie kamen mit Waffen

Kibbuz Kfar Aza

Kibbuz Be'eri

Kibbuz Re'im

Vergangene Orte des Friedens

Trauern für Israel

Trauern für Gaza

Trauern für mein Kind

Trauern für Dein Kind

Trauern für meine Mutter, Schwester, Frau und
Tochter

Trauern für Deinen Vater, Bruder, Mann und
Sohn

Trauern um meine Stadt

Trauern um Deine Stadt

Mein Friede ist dein Frieden

Dein Frieden ist mein Frieden

Meine Freiheit ist Deine Freiheit

Deine Freiheit ist meine Freiheit

Deine Vergebung ist mein Trost

Meine Vergebung ist Dein Trost

Deine Würde ist meine Würde

Meine Würde ist Deine Würde

Ich bin nicht ohne Dich

Du bist nicht ohne mich

Zusammen sind wir

Zusammen heilen wir

Zusammen leben wir

5000 Kinderaugen sollten uns ansehen

Sie sind jedoch bei den Sternen

Und leuchten uns den Weg

Wo sie mit uns sein wollen

Rhetorisches Gedicht

Gott bewahre es läuft ein junger Katholik Amok
und tötet

Bombardiere ich dann ganz Rom mit all seinen
Kirchen, Synagogen, Tempeln und Moscheen

Mit all seinen Schulen, Krankenhäusern und
Kranken

Mit all seinen Menschen und Kindern?

Tiefe dunkle Kinderaugen

schauen auf uns herab

Als Sterne

Wo Netanjahu und seine Schergen

Sie hingebracht

Im Bombenhagel bei Tag und bei Nacht

Der prallt auf sie hernieder

Immer und immer wieder

Ich liebe Deine dunkeln Augen

Du Mädchen aus Israel

Ich liebe Deine dunkeln Locken

Du Mädchen aus Israel

Ich liebe Deine dunklen Augen

Du Mädchen aus Palästina

Ich liebe Deine dunkeln Locken

Du Mädchen aus Palästina

Komm lasst uns spielen

Anstatt Blumen auf Ihren Lippen

Tragen die Kinder des Krieges

Granatsplitter, Blut und Wunden

Auf ihren kleinen Körpern

Weine Du kalte Welt

Wärme diese Kinder

anstatt Tränen aus kaltem Wasser

Kind versprich mir, dass Du liebst

Gabrielle von Bernstorff-Nahat ist Dichterin,
Malerin und Architektin. Mehr zu Ihren Büchern
und zu Ihrer Kunst finden Sie auf ihrer Webseite
www.gevebe.com